I0140572

Jeton Kelmendi

Wiersze wybrane

Ridero

2018

Redaktor: Alicja Maria Kuberska
Redaktor: Izabela Zubko
Redaktor: Regina Kantarska- Koper

© Jeton Kelmendi, 2018
© Alicja Maria Kuberska, tłumaczenie, 2018
ISBN 978-83-8126-608-6
Książka powstała w inteligentnym systemie wydawniczym Ridero

SPIS TREŚCI

PAMIĘTNIK PISANY CHWILĄ

Zabiegani, nie myślimy o przemijaniu i coraz częściej przestajemy zwracać uwagę na to, co nas otacza i jakie uczucia towarzyszą nam każdego dnia. Niniejszy zbiór wierszy to próba ocalenia zachowanych w pamięci przeżyć. Jest to w pewnym sensie kolekcja pięknych obrazów zainspirowanych życiem, co nadaje poetyce dodatkowy sens i kontekst.

Utwory Jetona Kelmendiego, wchodzące w skład „Wyboru wierszy", powstały na przestrzeni wielu lat i pochodzą z różnych publikacji książkowych. Niniejszy wybór odzwierciedla psychikę człowieka mieszkającego z dala od rodzinnego kraju, jego tęsknoty, a także pokazuje filozofię bytu. Nie jest to jednak twórczość rozliczeniowa, choć dotyczy prawie całego życia poety. W jego dorobku wyraźne miejsce zajmuje liryka osobista, niemalże pamiętnikarska. Ta pełna emocji opowieść o ludzkich losach może zachwycić i głęboko poruszyć. Dowiemy się z niej, za kim autor tęskni, o czym marzy, ile jest dla niego warta chwila. Inspiracją do napisania wierszy stała się przede wszystkim miłość: do przyrody, do drugiej osoby, do odległej ojczyzny.

Twórczość albańskiego poety można utożsamić z maksymą Franciszka Salezego, który głosił, że „jedyną miarą miłości − jest miłość bez miary". To poezja wodząca wzrokiem po krajobrazie życia, w którym uczucie ma wiele znaczeń. Gdy pisze on o sercu − z serca powstaje każdy wers, gdy o zauroczeniu − wyczuwa się afirmację szczęścia, gdy o rozstaniu − treści wypełnione symboliką. W wierszach Kelmendiego odkrywamy, że miłość nie jest prostym i banalnym doświadczeniem. To ciągłe poszukiwanie poczucia bezpieczeństwa, a zarazem uczucie o wielu odcieniach, wypełniające każdą sekundę naszej obecności na Ziemi. Autor jest tego świadomy i umiejętnie to wykorzystuje, wzbudzając w czytelniku niekiedy sprzeczne emocje.

Jeton Kelmendi pisze krótkie formy poetyckie, które w swoim przekazie mają ogromną moc, tkwiącą w ujednoliceniu obrazowości oraz budowy nastroju za pomocą pór roku czy części doby. Ów nastrój jest przesycony tęsknotą i lękiem przed niebytem Poeta dotyka trudnych tematów egzystencjalnych poprzez czasowe retrospekcje, łącząc ze sobą przeszłość z teraźniejszością i przyszłością, jak również dzień z nocą czy jawę ze snem (ewentualnie antysnem). Poetycka umiejętność poruszania się w tych równoległych dla niego przestrzeniach jest naprawdę zaskakująca i warta wnikliwej, jak również indywidualnej analizy.

Rozważania na temat czasu to istotny element w twórczości Jetona Kelmendiego, bowiem w lirykach zatrzymuje on stan emocjonalny chwili lub echo prawdziwych przeżyć. W poświacie księżyca widzimy przemieszczające się bezcenne i niezapomniane ułamki sekund. Plastycznie ukształtowane myśli wirują w naszej wyobraźni, tworząc nie tylko obraz, ale i piękną muzykę, ukrytą w tej niezwykłej, poetyckiej przestrzeni.

Przestrzeń, jaka przed nami się otwiera, staje się furtką do innego wymiaru. To historia opowiedziana na granicy słowa i milczenia, gdzie pojęcie „słowa" jest wielowymiarowe i niejednoznaczne. Powinno ono być *delikatne i ciepłe*, mieć w sobie ogień, być *mierzone cieniem*, nie zostaje wypowiedziane lub *przekroczyło milczenie*. Słyszymy tu również wyszeptane w nocnej ciszy słowa pełne bólu i wewnętrznych rozterek.

Jestem pewna, że Jeton Kelmendi zaskoczy nas jeszcze nie raz w kolejnych odsłonach swojej poetyckiej wizji świata.

Izabela Zubko

Wiersze

MADAME SŁOWO I PAN MYŚL

1
Mówiłem trochę
Inaczej
Z wielkim smutkiem
Ale twierdzę
Że mnie zrozumiesz
Panienko
W końcu są to tylko słowa
Poety
I wiesz że można
Rozebrać zakryte myśli
Wszystkie
Mogą nosić kostiumy moich preferencji
Na każdej nagiej części
Lub
Jeśli to ci wystarczy
Powiem że cię kocham
Postanowiłem wybrać
Z tego co mówi mąż do żony
I wszyscy wszystkim
Mam zupełnie inny pomysł
Panienko

2
Co będzie jeśli
Myśl nie ma znaczenia dla słowa
Lub słowo
W duchowym istnieniu człowieka
Brzmi bez głębi myśli
Jesteś panienko jak słowo

A ja jak pan mądrość
Widziałem po prostu
Siebie z tobą i ciebie ze mną
Ten wzór miłości
Pozostał
Wszędzie
Nawet po modernizacji
Dlatego
Jesteś wspaniałym Słowem Madame
Kiedy Pan Mądrość
Daje ci piękno

3
Zatem kontynuujmy
Powinniśmy zgromadzić nasze siły
Bo
Cisza
Patrzy na nas ze strachem
Nieważne
Co się z nami dzieje
Panno Słowo
chcę cię teraz pocałować
Tylko raz
Ponieważ
Nie wiem w jaki sposób nadejdzie
Drugi i trzeci
Niech wolność żyje na swobodzie
Pozwólmy
Słowu
I umysłowi
Mówić przekazywać
To czego pragną
A teraz chcę mojego pierwszego całusa

Paryż, lipiec 2006

CAŁUJĄC SŁOWO NA TWOICH WARGACH

Myślę o dniu
W którym mnie zaatakowałaś
Dokonałem konfrontacji
Zawsze czekam wieki
Na kolanach
Gotowy pocałować
Każde słowo
W czasie
Gdy się widzimy

Mój kwiat
Ulubiony zapach
Dzień z naturą
Tak jak kręcone włosy
Jak twoje usta
Jak księżyc
Wybielony przez noc

Ukwiecona
Wiosenna
Pełnia sezonu

DZIEWCZYNO

Do pierwszego słowa
Jesteś sama
Proszę już czas
Abyś uwierzyła
Że noc i dzień szepczą
Dla ciebie
Pieśni z podarowanych liści
Miesiąc spogląda łagodnie
Na ciebie moja przyjaciółko
A ja radośnie
Zagram na gitarze
Ani trawa ani zieleń
Nie mogą rozkwitnąć
Muszę wejść
W wiosnę

ODPOCZYNEK WŚRÓD SŁÓW

Położyliśmy się
Jak na polu ze słów
Ja i oczy w kolorze
Nieba

Pozostaję zawsze
Z przodu

Trzymaliśmy się z dala od pogody
Pomiędzy
Deszczem i słońcem

Mam czas
Dla siebie
Dla dziewczyny i wiersza
Dla słów
Modlę się abyś była cudowna

NAJPIĘKNIEJSZA

do kogo innego niż do tej dziewczyny
najlepiej pasuje słowo śliczna
umiłowanie wolności płynie
w jej oczach
cóż za uroda
jaki ładny wiersz
piękno szczęścia

PO DRUGIEJ STRONIE

Wczoraj gdy czekałem
Byłem szczęśliwy

Może się spotkamy
Gdzieś po drugiej stronie
Z powodu mrozu byliśmy
Na 27 piętrze Pałacu NOID
Chciałem się z tobą kochać

Chociaż minął cały listopad
Przypomniało mi się
Że dwudziestego siódmego
Było to możliwe
I miałem okazję wypowiedzieć
Najpiękniejsze na świecie
Największe słowo

Sto jeden zdarzeń
Wydarzyło się w milczeniu
I pogoda się zmieniła
Po tamtej stronie

Prishtina, 27 listopada 2005

ZAJRZEĆ W ZŁOTE OCZY

nadeszła jesień wypełniona nocą
księżyc zagląda do okna
napiszę piękny wiersz dla ciebie
może zasnęłaś
moja najlepsza przyjaciółko
zanim wybije za dziesięć dziesiąta
zaśpiewam dla ciebie zwrotkę
a w słowach ujmę wiele nocy

zegar pokazał północ
niebo zstąpiło w wersach
i w rozproszonych gwiazdach
ujrzałem twoją twarz
i złote oczy

jak w antycznych czasach
„skierowałem z grani mój wzrok ku tobie"

Tirana, listopad 2004

JEŚLI NOC PRZYCIĄGA SEN

Nie ma nocy w poniedziałek
Czerń dotyka kręgów ciemności

Wiosna jest związana ze strunami traw
I można ją odnaleźć
W jej oczach
Jest niewidzialna w złych spojrzeniach
Zaproszono mnie
Abym nielegalnie pojawił się w innym wierszu

Jeśli noc przyciąga sen
To nie możemy wejść w niekończącą się grę
Dzisiaj nie wtorek

ZGROMADŹ

Weź od słowa
Wszystko co daje
Trochę
Później
Poszukaj czegoś
Jeszcze
Nawet jeśli jest to bezowocne
Bądź gotowy
Na dar
To co oferujesz dzisiaj
Odbierzesz później w zamian

NASZE MARZENIA

Pragnienie by zaznawać miłości
Płynie jak strumień
Bez końca
I nie traci wigoru

Ktoś wie więcej
O moich
I jej tęsknotach
Góra z drugą górą
widzą się ponad chmurami

Nie wiem dlaczego
Muszę się zestarzeć
Co robić
Żeby przepłynąć jak potok
I być wiecznie młodym

DYLEMAT

Być włosem
Białym włosem
Spaść na twoją szyję
Albo stać się powietrzem
Wdychanym przez ciebie

Lub myślą
Zająć twój umysł
Czym mam się stać

JEJ SEN

Przyszedł i zabrał wszystkie obrazy
Tej damy z wiersza
Zostawił dylemat
Co jest poezją

Ta pani jest słowem
Królową
Która zmienia jego znaczenie
Nawet kamień to wie

Dopóki słońce
Nie rozjaśni twarzy
Żąda głosu serca
Tak robi od wieków

Szukała mnie
Przez stulecia
Pokochała
Za mój ognisty wiersz

JAK CIĘ OCHRZCIĆ

Jak chrzcić
Słowem czy sercem
Duży zegar
Razem z tobą bieleje dzień
Jak chrzcić
Słowem czy snem
Zegar tego dnia
Osadza się szronem na mojej głowie
Jak chrzcić

NIE POWIEDZIAŁEM WCZORAJ

Przepraszam
Za powietrze nowej pory roku
Pieśń ptaka
I słowa które chciałem wypowiedzieć
Proszę o to czego wczoraj nie powiedziałem
Jutro nie zapomnij
Zabrać ze sobą trochę górskiego powietrza
Dodaj je do zdań
Aby przypomnieć
Wiosnę
Sezon
Dający moc

ZABAWNY ODDECH

Wczoraj byłem spokojny
Marzyłem o tobie
Najpiękniejszej ze wszystkich nocy
Po której mogą stąpać ludzkie stopy

Za każdym razem
Gdy ciemność wkraczała na sen
Chciałem być
Bielą która pokrywa ciało
Łączy dwie stopy jesieni

Jesteś piękna
Najpiękniejsza na świecie
Najcenniejsze słowa są bezwartościowe
Niepokojące
Dlaczego nie możesz stać się bardziej zabawna
Niż oddech
Skierowany na moje niebo

MARZĘ BY ZASNĘŁA
PRZY MOIM BOKU

Jak bardzo chcesz uciec
Od zimy

Antysago która nie rozumiesz mojej wiosny
W tobie przerażanej nocą
Wzrasta ciekawość oczekiwania

Sen zrobił wspaniałą rzecz
Wyśnił
Ją śpiącą ze mną

Swobodnie
Powiedzmy że odeszła
Aby wyciszyć się z lęków

Bez najmniejszej
Troski

Wziął wodę z jej pragnienia
Zdarzeń zstępujących na ziemię
Przybył bo nie zostały stworzone

Nagle
Oczy przyniosły ją do mnie

TWOJE ODLEGŁE ŚWITY

Nigdy nie są dla mnie ważne
Listy
Samotność
Twoje dalekie świty

Przybyłaś
Siedem dni temu
W czasie dobrej pogody
Aby być razem
Jedną noc
Bez ciszy

W PEWIEN PONIEDZIAŁEK

Wczesnym rankiem
W pokoju
Zabrzmiały dwa dźwięki
A myśl wybiegła przed wydarzenia

Jeśli możesz to nie odpowiadaj
Kiedy cię wołam
Dziewczyno z przebudzonego snu

Trzy krople ciszy
We wczesnych godzinach poniedziałku
I odległość której nie można przekroczyć
Gdy obudziłem się dotarła od niej wiadomość
Napisana ręką Miss Word

Jestem krok bliżej
W ten oto sposób
Przeganiamy od nas sen

ECHO

Wystarczyłoby trochę nieba
Dzisiejszej nocy
By skóra została odkryta

Nie sądzę że zobaczę
Pozostałe bieguny
Bez naszego nieba
Ponad nami

Zrelaksuj się kochanie
Przyniosę niebo
W moim oddechu
Zamienię słowa w ptaki
Śpiew cię obudzi

Tirana, 4 kwietnia 2005 r

ZATRZYMAJ NIEBO PRZEZ CHWILĘ

Trochę nieba
Tego dnia
Nasza skóra została odkryta
Nie sądzę że zobaczę inne miejsca
Ponad nami
Bez twojego i mojego nieba

Odpocznij kochanie
Wyprowadzę niebo na zewnątrz
Z oddechu pełnego pożądania
Przekształcę słowa w ptaki
Obudzi cię ćwierkanie

ODDECH

Wczoraj niespokojnie śniłem o tobie
Jesteś najcudowniejszą ze wszystkich nocy
Gdzie zgodnie z prawem można wstąpić w człowieczeństwo

Za każdym razem gdy ta czerń wychodziła ze snu
Chciałem być
Bielą pokrywającą twoje ciało
Dwiema spętanymi stopami jesieni

Żadne słowa ciebie nie opiszą
Jesteś najpiękniejszą
Radością

Dlaczego nie możesz stać się większa
Niż oddech
Przenikający przez moje niebo

GODZINA Z NIĄ I DWA SŁOWA NA JUTRO

Twoje wiosny wraz z moimi latami
Są jak południe i północ
Rozkwitają razem o świcie

DLA DZIEWCZYNY

Dopóki słowo
Oznacza samotność
Czasie proszę weź moje

Liście
O delikatnym wyglądzie
Tobie podarowane
Nocą i dniem szepczą
Pieśni

Przez miesiąc
Sprawię radość przyjaciółce
I dla niej będę
Grać na gitarze

Ani trawa ani zieleń
Nie rozkwitną
Dopóki dla niej
Nie wejdę w wiosnę

OGIEŃ W SŁOWIE

Nostalgia jak dąb rośnie codziennie
Poszukuję
W sercu wersów
Nocnej ciszy
Pijanych oczu
Ognia w każdym słowie
W wierszu szukam
Piękna światła
Łapania motyli w ciepłe dni
Jesiennego relaksu pełnego popiołów
Bieli zimy odbitej w wodospadzie
Miłości i odpoczynku z tobą
W cieniu drzewa

W CIENIU PAMIĘCI

Powiedziałem ci coś zapomnianego
Idee których nie utrwalisz nawet do jutra

Przebaczenie ma bardziej starożytne znaczenie
Gdy przybywa w ciszy

Przy wysuszonym przez słońce dębie
Czekam na ciebie wraz z wierszem
Zawieszonym nad górską otchłanią
Na tej samej linii

Tam oczekuję tylko miłości
A usiadłem by odpocząć
Starałem się
Oddychać jesienią lub marzyć w świetle

KIEDYŚ ODEJDĄ DNI

Jak powiedzieć ci słowo
Takie delikatne i ciepłe

Powinniśmy mówić pięknie
Zmierzać w kierunku dobra

Dlaczego są ważne w naszych czasach
Opinie które nam nie pomagają

Pomiędzy linią brwi i włosów
Pojawia się miłość

W spokoju cienistych drzew
Uderzyłem w żyły myśli

Dni wyruszą z jednego punktu
Od początku

I powiedzieć słowo

Czerwiec 2004

ZAMIAST SŁOWA

W milczącym cieniu
Naszych ciał
Ty niczyja królowa
Przyszłaś po śladach wiatru
Dopóki pola pełne były nicości
Spotkaliśmy się przypadkowo
Wszystko szło odwrotnie
I ukryło się przed nami
Zamiast słowa
Zabłysła i zgasła myśl

Auderghem, 9 marca 2007

ZAPADŁA CISZA

Przekroczyła wielki strumień
Jestem jak noc w gałęziach
I pod koniec snu
Bieleję

Cisza przychodzi gwałtownie
Dwanaście snów
Zamkniętych pod powieką
Czarnego oka

Kiedy było bezgłośnie
Zadzwonił telefon
W pokoju
Rozwidniało się
Byłem w połowie obudzony
Prowadziłem dyskusję

Poza słowami
Jak drzazga tkwi
Pamięć
Wspólnym językiem
Pokonujemy nieskończone odległości

ZMĘCZONE SŁOWO

Ponieważ
Zobaczyłem jesień w twoich oczach
Chciałem cię poprosić
O noc Prometeusza
Zabrać na ścieżkę
Gdzie wyrastają korzenie wizji

Milczę
Nawet ci nie powiedziałem
Że jestem poetą schyłku roku
I że śnię w wersach

Moja przyjaciółko
Pragnąłem cię porównać z księżycem
Kiedy powrócę znad granicy powietrza
Zaproszę do podróży
Po drogach Egnatii
Przemierzymy je jutro
Krok po kroku

Bierges, Lato, 2006

BRUNETKA

Byłem pierwszą podróżą
W jej cieniu
Zaczynała rosnąć trawa
Słowa układały się w hymn
A piasek wiódł ku miłości

By odpocząć
Przechowałem w zakamarkach myśli
Zapamiętaną wizję niebieskich oczu

Rankiem stałem się dla niej
Tylko tęsknotą

DZISIAJ W NOCY ROZBŁYSŁY OCZY

Królowo
Moja ręka nie dosięga ciebie
Spojrzenia się nie spotykają
I nie zbliżam się do twojego miasta

Masz coś we mnie
Albo zakłopotałem się przez złą godzinę
Oczy nocy się rozjaśniają
Zmieniają się w białe niebo myśli
Tuż nad tobą

Nie ma spotkania
W królestwie bezowocnej
Nocy

Cień długich dłoni nie należy do ciebie
Dzisiejszy wieczór jest bez królowej

KOD NA JUTRO

Co będzie z jutrem
Gdy jeszcze pada cień wczorajszego dnia

Na nieznanym kamieniu
Są wyryte marzenia i antymarzenia
Chleb i woda antyhumanitarna

Deszcz i potok są zmęczone
Wzbieraniem się
Pod jesiennym niebem

Nie zezwolono nam na odrobinę zimy
Nie ma mnie tutaj
I nie będzie jutro

Ktoś może rozszyfrować mój kod
Na kolejny dzień

SŁOWO PRZEKROCZYŁO MILCZENIE

Nauczyłem się od wczoraj
Mało mówić
Oddycham pełnią smutku
Ukrytą w zakamarkach
Twoich oczu
Dawno temu przybyłem
Do ciebie
Aby rozmawiać w milczeniu
Wyznawać w tobie
Ciebie
I mnie

Wczoraj chciałem
Powiedzieć
Że jesteś
Chlebem wersetów
Wodą słowa
A ja dla ciebie
Przez wszystkie wieki
Najczęściej śpiewaną pieśnią

Wczoraj chciałem być spokojny
Trochę poopowiadać
Stać się cieniem
Zasłonić światło słoneczne
Pragnąłem
Wystąpić przeciwko
Złośliwości
Wszystkich ludzi

Wczoraj ponownie doświadczyłem
Jak można mnie odkryć
Bez Ciebie
Jak można
Wcześniej lub później
Odnaleźć samego siebie

Wczoraj
Przez większość czasu
Walczyłem
By być szczęśliwym

Prisztina, maj 2005

GRA

Jeśli dziś nie pójdziemy spać razem
To czy mogę jutro się ukryć w twoim cieniu

Nadszedł czas niepokoju
Przyjadę
By cię złapać

Odpowiedź nie jest istotna
Gdy nie zawiera twojego imienia
I nie można dotknąć nieba

Możesz pójść daleko
Lecz nie da się odejść
W tej grze żółtych efektów

BRAK CZASU

Dziewczyno
Znasz legendę
O skrzyżowaniach w noc faraona
O kamieniu Prevesy
O czerwonych jabłkach
I wiesz że późną porą roku przychodzi odpoczynek
Wtedy gdy podążamy ku kolejnemu listopadowi

Wszystko to wniosłaś ze sobą
Codziennie przekraczaliśmy pory roku
Ilekroć
Chciałem cię posiąść

Nie było czasu
Na długie spacery w bezksiężycowe noce
Pożegnaliśmy się w milczeniu na zawsze
Czasami tylko wspominam twoją piosenkę

Podobnie jak listopad późną jesienią
To nie był ten czas
Trwało jeszcze ciepłe lato

ANOMALIA

W tym roku
Słowo stało się zimne
I nie wiem jak sobie poradzić
Z ciszą
Istnieje ognisty świat
W którym
Nie może się pojawić

MARZENIA W CZTERECH ŚCIANACH

Już nie ufam
Słowom
Które wypowiadasz prosto z serca.
Powtórz niewypowiedziane
Aby pokryć kwiatami
Kamienny język
Lub inny nieznany
Może będziemy mieli odwagę
Zgasić świece
Marzenia wewnątrz ścian
Przyjmiemy z bólem
Na zachodzie nie ma naturalnego krajobrazu

MIŁOŚĆ OPUSZCZA DOM

Widzisz ją w tej chwili
Jest w mieszkaniu
Zamknięta w jednym punkcie
I zmniejsza brzegi
Myśli
Gra z dniami do końca
Jest jak pionek na szachownicy
Nie ma zwycięzcy
Potem
Nie zostaje nic
Tylko inne
Usta

HISTORYJKA

Pewnego dnia przyszedł czas
Tak samo zdezorientowany jak i szczęśliwy
Nikt nie znał ani bieli ani czerni
Nie mogliśmy znaleźć siebie
Nie widziałem i nie spotykałem się z nią
Nie tęskniłem

To przysporzyło nam
Trochę strachu
Odrobiny odwagi
A także smutku i szczęścia
Wszystkiego w niewielkich ilościach
Po to by przekonać nas czym jest wolność
I co oznacza
Wymyślić wielkie zło

Z optymizmem
Przechowywaliśmy własne rzeczy
I zapamiętywaliśmy czas
Który przemienił nas w czerwień i minął

Każdą odrobinę tego
Co otrzymaliśmy
Musieliśmy zwrócić

Peja, czerwiec 2000

NATYCHMIASTOWY PODZIW

Nie jest mi lekko
Spać lub być cicho
Słowa piosenki są jak magia Heleny
I są grą rzadkich widoków
Trudne jest kolejne spotkanie
Gdy nie dowiem się więcej
O ścieżce
I winie antysnu
Dlatego nie ma wczoraj i dziś

ROZPOZNAŁEM MYŚLI

zostaw mnie teraz w spokoju
zebrałem słowa
do torby poręcznej
i postawiłem na jednej stronie

niektórzy ludzie
wyszli
z cienia w pobliżu
inni się pojawili

są przy moim łóżku
przede mną
i tam także śpią
policzyłem odjazdy
wyrównały je przyjazdy
weźmiesz mnie stąd lub przyprowadzisz
według własnego planu

zauważyłem idee
ukryte w białym kolorze włosów
przybyły tylko na jeden dzień
wraz z moim snem
w czasie spotkania z dziewczyną myślę
— moja droga
chcę cię dzisiaj przytulić

zamknąłem uszy i oczy
spałem
nie słyszałem nerwowej wizji

W KAMIENNEJ WIEŻY CISZY

Rozpoczyna się pora marzeń
Tak jak w środku nocy
Sobota niedziela i dane słowo
Czekają na spotkanie z nami
Wszystko wyblakło wczoraj
Przebaczenie spadło na kogoś
Jak pieśń

Nie słychać dźwięku lutni
W kamiennej wieży
Zapada zmierzch
Pogoda jest
Jak w czasie najsroższej zimy

To nasze dni
Przepływu czasu
Lirycznej miłość
Obecności Boga

Werset nie może być zmieniony
Ponieważ krew jest w słowie

BEZZWŁOCZNIE

gdybym był deszczem
to przypadkowo dzisiaj
umieściłbym krople na twoich policzkach
doprawdy
byłbym nimi i płynął powoli

w tej wizji zadam pytanie
co zamierzasz zrobić z chwilą
w której ponownie uciekam potajemnie
pomyśl o tym przez sekundę

JAK CICHY JEST ODJAZD

Spakuj wszystkie rzeczy
Ponieważ pokazują drogę

Jej długa nieobecność
Jest jak wiatr w czasie ciszy
Krok po kroku
Jakby była w głębokim zaniku

Ma w myślach
Przesilenie jesienne

I ciszę przed odejściem
Przeszłość zamkniętą w samotności

Kto wie czy
Przed nami przyjazd czy nić
Minionego czasu

ODJAZD

zabrała ze sobą wszystkie rzeczy
ponieważ znały drogę

wiatr dmie w struny
i wydaje się jakby nigdy nie przybyła
wyjeżdża
robi krok po kroku

w jej głowie
tylko
jesienne skrzyżowania
cichy odjazd
i odlot zamknięty jak samotność
kto wie
czy przed nami jest przyjazd czy wyjazd

WEŹ ZE SOBĄ TORY

Obszedłem myśli i powędrowałem dalej
Nie znałem wyjścia
Cisza i sen nigdy nie pomagają

Zachowaj wspomnienia
Zabierz ze sobą wszystkie podróże
Jak myśli
Weź tory dzięki którym
Pojawiłaś się i odeszłaś
Przyprowadź wtorkowy wieczór
I żartobliwe światło księżyca srebrzące włosy

By osądzić
Usuń wszystko spod parasola moich oczu
Ściśnij
Oznacz jako bezimienne
Ruiny marzeń mogą stać się muzeum pamięci
Zamknij je aby nie porwało przebaczenia
Odetnij przed sobą
Przede mną

CZEGO CHCESZ OD ANTYSNU

To bardzo enigmatyczna podróż
Odjazd i przyjazd
Wzięły ze sobą wszystko

Wzięły powitanie i niepowitanie
A z tobą
Wiele piosenek marzących
O miłości

Każdy kierunek miał drogę
Nie zepsuła pragnienia snu
Czego chcesz od antysnów
Wczoraj zamieniło się z przedwczoraj

Jutro zmienia się w dziś
Zabrało wszystko ze sobą
I odrzuciło ode mnie

Z daleka od ciebie
Zrodziła się pustka
Której zawsze się boję
Oby nie zrobiło się za późno

Bruksela, 15 listopada 2007 r

ZATRZYMANA MINUTA

Mamy coś wspólnego
Spostrzegłem
Że być może idziemy tą samą drogą
W kierunku wiejącego wiatru
W innym czasie pojawił się wykrzyknik
Był odpowiedzialny za siebie w cyklu
Odjazdów i przyjazdów
Zobaczyłem go w sobie
I trochę w tobie
Można go spotkać pomiędzy dwoma murami

Smutek
W oddechu
Przyjazd opóźniony
Dlaczego zatrzymałaś moją minutę
Teraz czekam na ciebie
I nie wiem
Kiedy powróci utracony czas

TROCHĘ PÓŹNIEJ

Wyłoni się
Kamień tego słowa

Po ciebie też wyjdę
Poczekam tyle ile trzeba

Na wszystkie przyloty
Na wszystkie odloty

NASTĄPI PRZYJAZD

gra ma o wiele więcej reguł
niż teoria własności
a wers wiersza
jest bardziej skomplikowany

w ciemnościach nocy
podróżuję po płaszczyźnie myśli
w każdym miejscu zostawiam minutę
mojego czasu
twojego czasu

przy drzwiach serca
słowo zima
czeka na wiosnę

moje przybycie
dotrze do każdej góry
i sprawi więcej szczęścia

Bukareszt, kwiecień 2008

TŁO

Wciąż czeka w tłumie nowoprzybyłych
I żegna się z grupą ludzi w sali odlotów
Marcowe poranki
Kwitną po naszych długich nocach
Spotkaliśmy się gdzieś ponad czasami

PRZYJAZD

dzień i noc
towarzyszyły mi do jednego punktu
w wielkim strachu przed sobą
przyspieszały kroki

zabrałem wszystko
co było przygotowane na jej przybycie
na początek i na koniec wyjazdu
i czekało na kogoś
kto nigdy nie przyjechał

ANTYSŁOWO

Pozostań niewidoczny
Jeśli nie masz nic do powiedzenia
Naucz się być cicho
Milcz z honorem
Nigdy nie ufaj
Antysłowom
Dziś i w dniu powodzi
Uważaj na siebie
Mam prawo wyśpiewać teksty
I cię nazwać po imieniu
W jesiennej tonacji
Twoje wiosny z moimi latami
Podobnie jak południe z północną
Wznoszą się i opadają
I zgodnie z prawem słowa
Przemówią jutro

SIĘGNĄĆ SIEBIE

przemierzam kraje
przekraczam pola góry morza
wszystko co oferuje świat
w towarzystwie dnia i nocy
naszych przyjaciół
odwiedzam minuty mojego życia
aż do chwili spotkania z tobą

hej
co tutaj robisz
za każdym razem
gdy zaglądam do swojego wnętrza
widzę ciebie
na wszystkich skrzyżowaniach
od jednej z twoich impresji
od mojego zielonego światła
twoje oczy świecą na niebie
wędrówka była bardzo długa
ledwo wstąpiłem
na te wszystkie drogi
minąłem je szybko
orientując się według
twoich znaków

hej
dziwny człowieku która godzina
jaki dzień mamy dzisiaj
czy znasz miesiąc
rok
ten jest dobry

przeszedłem przez ulicę o nazwie EGNATIA
dwie panie usiadły na trawie
czekały na mnie
jedna wydawała się być
jak słońce
a druga jak księżyc
kiedy zbliżyłem się do nich
stwierdziłem że byłaś
pierwszą damą
a druga to miłość
rozmawialiśmy ze sobą przez długie godziny
idąc w kierunku wieczności
o rzeczach które są istotne
i nie wiodą donikąd
ile wyczerpaliśmy
potoków słów
żeby stwierdzić
że to na pewno
magiczny świat
odszedłem aby znów powrócić
do siebie

znaki kierowały
wprost ku środkowi
powrotnej drogi
byłem zaproszony przez górską wróżkę
gdy zbliżyliśmy się do siebie
przestraszyłem się
błagałem ją
aby nie patrzyła na mnie
gdyż jestem podróżnikiem
i wracam do siebie

jest delikatna
błogosławiła z ziemi

z nieba
rozległ się znajomy głos
hej cudzie
nawet tutaj się pojawiłeś
jest późno
teraz kontynuuję podróż
może przybędę jutro

kto
miał możliwość podróżowania tak daleko
zapytałem poetę który się pojawił
gdy szukałem
niewiadomych
wraz z bladością poranka
przybyłem
do drzwi ducha
dwa promienie czekały na mnie

cześć stary
znowu się spotykamy
ty
ja i moja księżniczka
teraz muszę zaakceptować
że ty wewnątrz siebie
jesteś tyko sobą
i odbyłeś całą tę wyprawę
aby dotrzeć w głąb siebie

Paryż, 28 marca 2009

KIELICH ZMARTWIEŃ

Mężczyzno
Wypij kielich
Z czerwonym winem jej zmartwień

Pij tak aby się upić,
Nie pozwól kropli
Spaść
Na wers
Napisany w samotności,

Takim oto sposobem
Przestałeś być sobą.

Paryż, jesień 2006

LISTY

Jutro powinniśmy zadzwonić
Tam gdzie oddechem kieruje się list
Nie wymyślimy niczego więcej
Niż inni
Dni które mają nadejść
Skróciły się drastycznie

Czarny ptak
Aby przykryć jednym skrzydłem połowę nieba
Szuka siebie w palcach dłoni
Po tamtej stronie

Zastanawiasz się
Z kim chcesz
Porozmawiać

PRZYSTANEK W PUNKCIE ZEROWYM

oczywiście w niedzielę
rozbijam dwie myśli jak dwie szklanki
jedną twoją a drugą moją

twoja
wchodzi w otchłań i powraca smutek
moich niedziel z kilkoma
kwartami wspomnień

poznaję grę udawania i szczerości
czas mnie goni
po dwunastej
przez chwilę byłem z tobą i jak w niedzielę
wszystko zniknęło

liczę tylko dni
od początku twojego tygodnia
gdy pojawiała się tysiąc i jedna
myśl
i poszła w twoim kierunku
teraz jesteś daleko

jestem szczęśliwy w niedzielę
czerpię radość z otrzymanych od ciebie listów
zachłysnąłem się nią trochę
teraz mam w ręku
klucz do twojego serca

otworzę dla nas drzwi czasu
i będziemy razem
pod tym samym księżycem

ODWAGA

Kiedyś
Nadejdzie mój dzień
Jeśli to prawda
To każdy ma swoje pięć minut
Będę wiedział jak czekać
Ziemia zacznie rodzić chleb
I potok wypełni się wodą
Tak obficie
Że zapełni pustkę
Co możemy zrobić
Nie ufać przyszłości
Nie wiemy jak duży kłopot
Sprawi ten konkretny czas

Wiedeń, lato, 2006

NA ZIEMI POJAWIŁO SIĘ SŁOWO

Rozmawiałem ze sobą
Dobrze
Trzymać w dłoniach
Pęknięte struny legendy

Zrelaksuj się raz na jakiś czas przy kominku
Pogodne myśli
Zawsze są same

Nigdy nie byłeś taki jak dzisiaj
W mgnieniu oka
Jednego słowa

Na Ziemi pojawiło się słowo
I urosło aż do nieba
Zapuściło korzenie do najciemniejszych obszarów
Dzisiejszy dzień zadba o jutro
O wodę i całą glebę

Jeden wiersz poety
Razem z jego błyskiem
Na pożegnanie powiedział chłodno
Spotkamy się
Pewnego dnia między wzgórzami

Bruksela, 27 lutego 2007

PO ZAPOZNANIU SIĘ

Jestem poetą
A ty jesteś piękna
Dlaczego nie możemy porozmawiać
O tym co się dzieje
Gdy nie spełniło się twoje marzenie

W mojej wersji wydarzeń
Przytłoczyła cię zła godzina
Opowiedz mi o ogniu bez dymu

Po chwili
Czekamy na twoją kawę
i wibrację wiersza

Już wiesz
Poznamy każdą część świata
Razem osiągniemy znacznie więcej
Jesteśmy o tym przekonani

Paryż, koniec września 2006 r

INSYNUACJA

Nie stetryczałem
Napisałem kilka erotyków
Chociaż możesz mnie nazywać
Starcem z kamienia

Ogłoszą że mam siłę skały
Nie stawałem się leciwy
Bez śpiewania zmysłowych pieśni
W ogniu ciszy

Miłość
Słodycz i wersy płyną razem
Dla ciebie i ojczyzny

MIŁOŚĆ W WOJENNY CZAS

Czasami chciałbym, aby wszystko przebiegło
Inaczej.
Na przykład, żeby opadła gęsta mgła,
Bo wtedy łatwo jest przekroczyć granicę.
Przejść tam, gdzie po raz pierwszy
Kilka miesięcy temu,
Zobaczyłem dziewczynę
O kręconych włosach.
Pragnę tylko ją zobaczyć,
A potem marzyć
O miłości.

W końcu
Jest wojna,
A my nie znamy przyszłości.
Codziennie walczymy ze śmiercią.
Słuchamy wiadomości o tym
Kto zabił,
Lub kto zginął za wolność,
Albo
O wrogu, który
Został pokonany.
To są codzienne sprawy.
Może to głupota, by w czasie wojny
Podzielić się z kimś
Pragnieniem miłości.

Nawet w czasie najzacieklejszych walk
Żołnierz nigdy nie przestaje myśleć o miłości.
Odkryłem to w sobie.

Czas wojny,
Bóg wie,
Jaki nadejdzie koniec.
Może
To ani czas, ani miejsce na miłość.
Wojna zbiera żniwo,
Ale co się stanie, jeśli każdy będzie siać
Śmierć,
Kto wtedy zbierze
Miłość?

Poeta myśli,
Że największe miłosne historie
Rodzą się w czasie wojny,
Może
Wtedy, gdy przekraczają wyobraźnię
W biblijnych opowieściach
Lub
W ilustrowanych opowiadaniach
Lorki i Hemingwaya.
Po prostu
Miłość jest kolejną wojną
Nieskończoną,
Najdłuższą,
Inną niż wszystkie,
Ale broń
To zupełnie coś innego:
Serce, dusza i seks.

Przyszedłem i odszedłem.
Na prawo od centrum sceny
Toczy się wojna.
Gdy patrzyłem na to dzień po dniu,
Stwierdziłem, że życie staje się nudniejsze
— tak to się zaczęło.

Mój umysł zawiódł mnie
Do czasu, w którym
Byliśmy szczęśliwi i gotowi
Na trochę więcej miłości.

Czy to sen czy antysen?
Do dziś
Nie jestem pewien, jeśli ktoś
Zapyta.
Ale, o dziwo,
Stało się.
99 razy udało mi się umrzeć.
W czasie pokoju
— gdy zaczyna się miłość.
Nie można sobie wyobrazić,
Czym są miłość i wojna.

Późna noc.
Księżyc zapomniał
Wyjść na zewnątrz.,
Żołnierza zawracają, odchodzi
Na inną linię frontu;
W czasie gdy istnieje wojenna miłość
Wojna trwa ...
I walka żołnierza.

Listopad 1999, gdzieś na wojnie
w Kosowie.

PEJA O PIĄTEJ RANO

mojemu ojcu

Miasto zasnęło.
Spali ludzie i noc,
Cisza zrobiła przerwę
Od wyczerpującego poprzedniego dnia.
Wstał poranek w Peja.
Miasto spłynęło krwią o piątej rano.

12 kwietnia
Nie każdy sen łatwo dzielić.
Ktoś śni o wiośnie,
A ktoś inny zamknął
Wszystkie historie, pragnienia,
Aby spać bez sennych marzeń.

Także spałem,
Nawet śniłem,
Widziałem
Jak mój tata odchodzi do lasu.
Mimo że było zbyt wcześnie, aby udać się w góry;
Mój tata
Był zawsze rannym ptaszkiem,
Tym razem było naprawdę bardzo wcześnie.
Obudziłem się,
Aby przejść przez most, który łączy
Ten świat z drugim.

W Rugowa

Mężczyźni umierają z dumą,
Wyćwiczeni przez naturę.
Mój ojciec zawsze to mawiał,
Gdy opowiadał o członkach rodziny.
Wykonywali całą pracę
Życia,
A potem szli na drugą stronę
I stawali się wiecznością.

Pamiętam tatę,
Za każdym razem gdy skończył pracę,
Którą sobie wyznaczył,
Był zachwycony
I chodził szczęśliwy przez cały dzień.
To był piątek,
A mój tata
Był cichy jak nigdy dotąd,
Wręczył wszystkie swoje sny
I wkroczył do świata bez marzeń.
Wolna Ojczyzna,
Zostawił ją za sobą,
Pomimo że kraj uporczywie wzywał.
Gdy zamknął oczy,
Synowie byli blisko niego:
Ojciec już nie patrzył na wiosenną,
zieloną przestrzeń.

Och, wiosna
Wspaniała pora roku.
Zawsze bierze znaczenie od retoryki,
Ale tym razem zabrała
Mojego ojca...
Od tego czasu będziemy mieli
Więcej tęsknot,
Więcej wspomnień, historii.

Wszystkiego będzie więcej,
Tylko propozycji mniej,
Ponieważ jego już tutaj nie ma.

12 czerwca 2013, Prisztina

ZAUFANIE PRZEISTOCZYŁO SIĘ
W SŁOWO Z KAMIENIA

(Do: Besnik Lajçi)

Położył rękę
A w dłoni miał pełno myśli
Zaśpiewał ludową pieśń z Oso Kuka

Wezwany przez urwisko Hajli
— na przełomie kwietnia —
Spadł z krawędzi skały

W lesie
Oddychał powietrzem Rugovy
— Słowo *zaufanie* zmieniło się w kamień —
Pomyślał Besnik
Wyciszony odszedł do innego świata

Złożył głowę na czerwonej poduszce
Obok spoczęły
Słoneczne światło i słowo

GDZIE UMIEŚCIĆ PRZECINEK W CZASIE

Każdy przychodzi z zapaloną świeczką
W dłoniach
Jest cicho w cieniu
Tam gdzie cierpliwość
Połamała zęby
A światło
Pędzi aby pochłonąć wiatr na szczycie albańskich gór
Pogoda i moje intencje zmieniły się nagle
Przeszedł front
Przebudziła się cykada i nazwała rzeki potoki
Oraz wszystkie moje pechowe cele
Trudno uwierzyć
Że nadejdzie dzień
W którym postawię kroki na cienkich
Zmarszczkach historii
Wtedy umieszczę przecinek w czasie
I pomyślę że wieki ulegną zmianie
A dzień przyniesie idylliczny spokój

ILLYRIAN

Nie można niczym zważyć
Ciężaru twojego ciała

Nie widać
Siły powietrza
Spadku prędkości
Ani błyszczącej strony
Tak samo jak
Nie można wymierzyć tchawicy
Która
Przełyka powietrze

Jesteś
Duchem słowa
Substancją subwencyjnego przebaczenia
Jasną myślą

Choć
Nikt nie miał okazji zmierzyć ciebie
Ojczyzno Boga
To właśnie ty
Nazwałaś mnie Albańczykiem

Auderghem, luty 2007 r

ROZMOWA Z TOWARZYSZEM

zanim zacznę rozmawiać po albańsku
chciałbym popytać o albańskie góry
o potoki które płynęły do kolejnej wiosny
i jak zachowują się w tym roku
w zależności od pogody

jestem w pobliżu a ty daleko
słowo stało się zimne
lato nie zostanie z nami

wcześnie odeszliśmy
z miejsca gdzie znajduje się wydrążony kamień
gdzie ludzie śpiewają na wzgórzach

jak to możliwe
że nie zdołaliśmy jeszcze tam przybyć

Bruksela, 2 lutego 2007 r

PAMIĘĆ W WIERSZACH

Nie znajdziesz mnie
W pobliżu wielkiego kamienia
Zasłania go cień
Już nie siedzę
Na żółtej trawie

Pozostało tylko znaczenie
Mój przyjacielu byłeś taki silny
Nie patrząc na mnie
Powiedziałeś
Że to niemożliwe

Minęły miesiące
Pory roku
Lata
Towarzyszu byłeś mocny i dziki
W miękkich wersach
I w słowie
Które niewypowiedziane
Pozbawione jest krwi

Łączy nas
Jeden wiersz
Na szczycie minionego czasu

Ulpianë, 25 lipca 2004 r

NAUCZYŁEŚ PIĘKNA SŁOWA

(Do: Azem Shkreli)

Blednie wspomnienie przeszłości
I to jest bolesne
Pokazałeś mi wersy Shreklo

Gdy je zobaczyłem
Nasz los od samego początku
Przypieczętowało piękno słowa
Którego mnie nauczyłeś

Mało wiedziałem
Dałeś siłę
Żeby cię spotkać i zobaczyć
Poprzez wodospad wierszy

KORZENIE

Poza granicą
Na grobie nieznanego żołnierza
Rozmyślałem
Ktoś do mnie zadzwonił
Nie pamiętam niczego
Tylko pieśń obrońców ojczyzny
Zaplataną w mroźną zimę

Poczułem głos wołający z głębi: rodzinna ziemia

Za każdym razem
Kiedy ją kochaliśmy
Umieraliśmy po trochu
Jej korzenie są w siódmym kręgu
Serca
W siódmej klasie bólu

Daj dobrą pogodę
Ojczyzno
Aby oszukać sen
Pogubiłem gdzieś po drodze
Góralskie pieśni

PISZĄC PO PÓŁNOCY

w notatniku z czerwonymi kropkami
w którym zapisywałem daty
i fakty
pojawiło się wielkie słowo wolność
znowu się obudziłem
z koszmaru
ponownie napisałem list
adresowany do mojej drogiej samotności
przytul mnie ojczyzno
jutro mam trochę więcej czasu
hej
jaka jest ta noc długa
dla listów pisanych długopisem
w odosobnieniu i bez wyrzutów sumienia

spotykam się z tobą
plotki nie mają głosu
nikt nas dzisiaj nie zrozumie
czekaj
porywa tęsknota
i nostalgia za Dardanią
w długim łańcuchu grobów
czuję artyzm
przytulam cię
pozostało mi trochę czasu
do jutra

PROTEST

Wyczerpaliśmy już ostatnie godziny
Tego dnia
Mój umysł wszedł we wszystko krok po kroku
A
Ty jesteś spóźniona
Gdyż słowo jest mierzone twoim
Cieniem
Zobaczyłem na ściennym zegarze
Że w niedzielę wydał polecenie
Aby powitać kolejny tydzień
Wydawało się
Że gdyby parę minut spadało z palców
Mojej ręki
To twoje serce otworzyłoby drzwi
Tak szeroko jak nigdy tego nie zrobiłaś
Były to zdania
W których antymarzenia są pomieszane
Z twoimi stopami
W chwili poplątanych wspomnień
Dlaczego wierszu mnie dziś niepokoisz
Kiedy moja ojczyzna i dziewczyna
Są daleko
Ja też jestem hen
W oddaleniu
Pojawiło się słowo
Nigdy go nie powiedziałem
Wzniosło się tak wysoko jak sięgał
Szczyt Monte Verde
A ty
Moja przyjaciółka

Nadal śpisz w oddali
Zazwyczaj
W nocy jesteś na końcu świata
Przekraczasz moje granice
Wtedy milczę i się zabawiam
Dniami

Londyn, 20 maja 2009

PRZYBYCIE DO PERGAMUM

Mój śnie
I twój antyśnie
Wasze
Ojczyzny
Są nieznane

Nie można mieć zaufania
Ani do hałasu
Ani do ciszy
Aż do rana

Po prostu boję się
Was pojutrze

KRUJA

Sześćset lat po narodzinach Gjergj Kastrioti

Tylko tam
Widziałem jak świeci
Kamień
Gdy spojrzałem
Na miejsce urodzenia tego człowieka

Tam stanęło mi serce
Gdy skoczyłem na koniu
Aby wznieść się i opaść
Napić się wody
Z królewskiego źródła
I rozebrać
Kolory jesieni

Gdy zapisywałem słowa staruszka
Rozmyślałem
Czy będę gdzieś bardziej szczęśliwy
Aby móc krzyczeć z radości
I zobaczyć jak cień
Opanowuje zamek
Tam w mojej ojczyźnie
Zobaczyłem
Jak dojrzało słowo

POCZĄTEK

Trochę zepsuty
Co wynika z natury inicjatyw
A później przechodzi wszystkie granice
Nic nie jest zaniedbane
Sprawdzone od wewnątrz i na zewnątrz
Wyzwania
Wiele razy zastawał mieszkańca
Snów
W centrum poza sobą
I pojedynczy narożnik po drugiej stronie
Początek
Czy to wieża bez murów
Bez krawędzi
Bez fundamentów
Tam zaczniesz

BIOGRAFIA

JETON KELMENDI

Poeta, dramaturg, publicysta, tłumacz, wydawca i profesor uniwersytetu.

Urodził się w mieście Peja, w Kosowie (1978). Szkołę średnią ukończył w rodzinnym mieście. Studia kontynuował na Uniwersytecie w Prisztinie, gdzie uzyskał licencjat w dziedzinie komunikacji masowej. Absolwent Wolnego Uniwersytetu Brukselskiego (Belgia), specjalność — Bezpieczeństwo narodowe/ Stosunki narodowe. Magister dyplomacji. Wydał pracę pod tytułem „Wpływ mediów w politycznych kwestiach bezpieczeństwa UE", za którą uzyskał stopień naukowy doktora. Obecnie pracuje jako profesor na University College AAB. Aktywny członek Europejskiej Akademii Nauki i Sztuki w Salzburgu (Austria). Przez szereg lat pisał utwory poetyckie, prozę, eseje i opowiadania. Współpracownik wielu zagranicznych gazet. Stale publikuje w Albanii. Autor różnorodnych artykułów, poruszających tematy z zakresu kultury i polityki (zwłaszcza spraw międzynarodowych). Jeton Kelmendi jest dobrze znany w Kosowie. Jego debiutancki tomik zatytułowany „Wiek obietnic" („Shekulli i Premtimeve") został opublikowany w 1999 roku i szybko zyskał szeroki rozgłos. Później wydał szereg innych książek. Jego wiersze zostały przetłumaczone na dwadzieścia siedem języków i opublikowane w licznych międzynarodowych antologiach. Jeden z najbardziej znanych w Europie poetów albańskich. Zdaniem wielu krytyków literackich Kelmendi jest wybitnym przedstawicielem współczesnej poezji albańskiej. Członek wielu międzynarodowych klubów poetyckich. Jego utwory ukazują się w czasopismach, poświęconych literaturze oraz kulturze. Są drukowane w wielu językach, a przede wszystkim w języku angielskim, francuskim i rumuńskim. Twórczość Kelmediego w dziedzinie literatury zwraca uwagę swoistą poetycką ekspresją, nowoczesną eksploracją tekstu i głębokim przekazem. Tematyka wierszy koncentruje się na miłości. Znakiem rozpoznawczym jego stylu są eliptyczne, liryczne wersy splatające się z metaforami oraz artystyczna symbolika. Obecnie mieszka i pracuje w Brukseli (Belgia).

KSIĄŻKI POETYCKIE

"The Century Promises" ("Shekulli i Premtimeve"), 1999
"Beyond Silence" ("Përtej Heshtjes"), 2002
"If it is afternoon" ("Në qoftë mesditë"), 2004
"Fatherland pardon me" ("Më fal pak Atdhe"), 2005,
"Where are the arrivals going" ("Ku shkojnë ardhjet"),2007
"You arrived for the traces of wind"
("Erdhe për gjurmë të erës"), 2008
"Time when it has time" ("Koha kurë të ketë kohë"), 2009
"Wandering thoughts" ("Rrugëtimi i mendimeve'), 2010
"The baptize of spirit" (Pagezimi I shpirtit) 2012
"I call forgotten things" (Thërras gjërat e harruara) 2013
Utwory dramatyczne
"Mrs Word" ("Zonja Fjalë"), 2007
"Play and anti-play" (Lojë dhe kundër lojë) 2011

MIĘDZYNARODOWE NAGRODY

*Członek Akademii Nauki i Sztuki, Salzburg, Austria.
*Członek Stowarzyszenia
Europejskich Dziennikarzy, Bruksela, Belgia.
*Członek Akademii Nauki i Sztuki, Paryż, Francja.
*Członek Akademii Nauki
i Szkolnictwa Wyższego Ukrainy, Kijów, Ukraina.
*Członek Międzynarodowego
PEN Club Belgijsko-Frankońskiego, Bruksela, Belgia.
*Doktor Honoris Causa Instytutu Ukraińskich
i Kaukaskich studiów przy Ukraińskiej Akademii Nauk
*SOLENZARA prestiżowa międzynarodowa nagroda,
Paryż, Francja 2010
*Międzynarodowa nagroda "Nikolaj Gogol" Ukraina 2013
Międzynarodowa nagroda "Alexander Wielki" Grecja 2013
*Nagroda za książkę MITINGU, w Gjakova, Kosowo 2011
*Międzynarodowa nagroda "World Poetry"
trzecie miejsce w Sarajewie, Bośnia i Hercegowina 2013
"Translater of the year 2013", Chiny 2013
*Międzynarodowa nagroda "Mather Teresa"
za humanitaryzm w poezji, Gjakova, Kosowo 2013
*Międzynarodowa nagroda "Ludwig Nobel"
Udmurtian PEN Klub, Udmurtu, Rosja 2014
*Międzynarodowa nagroda
"Mihai Eminescu" Rumunia, 2016
*Międzynarodowa nagroda "Poet of the year 2016",
Softly International literature foundation 2017

www.ingramcontent.com/pod-product-compliance
Lightning Source LLC
Chambersburg PA
CBHW070022110426
42741CB00034B/2294